BEI GRIN MACHT SICH IHR WISSEN BEZAHLT

AF145651

- Wir veröffentlichen Ihre Hausarbeit, Bachelor- und Masterarbeit

- Ihr eigenes eBook und Buch - weltweit in allen wichtigen Shops

- Verdienen Sie an jedem Verkauf

Jetzt bei www.GRIN.com hochladen und kostenlos publizieren

Bibliografische Information der Deutschen Nationalbibliothek:

Die Deutsche Bibliothek verzeichnet diese Publikation in der Deutschen National-
bibliografie; detaillierte bibliografische Daten sind im Internet über http://dnb.d-
nb.de/ abrufbar.

Impressum:

Copyright © 2015 GRIN Verlag, Open Publishing GmbH
Druck und Bindung: Books on Demand GmbH, Norderstedt Germany
ISBN: 9783668476448

Dieses Buch bei GRIN:

http://www.grin.com/de/e-book/369662/die-dynamische-konvexe-huelle-ein-verfah-
ren-zur-online-loesung

Thomas Plehn, Robert Einig

Die dynamische konvexe Hülle. Ein Verfahren zur Online-Lösung

Maintenance of Configurations in the Plane

GRIN Verlag

GRIN - Your knowledge has value

Der GRIN Verlag publiziert seit 1998 wissenschaftliche Arbeiten von Studenten, Hochschullehrern und anderen Akademikern als eBook und gedrucktes Buch. Die Verlagswebsite www.grin.com ist die ideale Plattform zur Veröffentlichung von Hausarbeiten, Abschlussarbeiten, wissenschaftlichen Aufsätzen, Dissertationen und Fachbüchern.

Besuchen Sie uns im Internet:

http://www.grin.com/

http://www.facebook.com/grincom

http://www.twitter.com/grin_com

Maintenance of Configurations in the Plane
von T. Plehn und R. Einig

1 Einleitung

In der algorithmischen Geometrie ist es oftmals von Bedeutung, Konfigurationen von Punkten zu beurteilen, die sich in einer Ebene befinden. Wichtig ist hier in vielen Fällen die konvexe Hülle, welche die Punkte bilden. Die konvexe Hülle ist das kleinste Polygon in der Ebene, welches alle Punkte umschließt. Dieses Polygon soll ermittelt werden.

Da es aus praktischen Erwägungen immer wieder vorkommt, dass Punkte zwischenzeitlich entfernt und wieder hinzugefügt werden, wäre es wünschenswert, wenn solche Anpassungen algorithmisch nicht so teuer wären, wie eine Neuberechnung. Genau dies meint der Begriff dynamische Verwaltung.

2 Grundlagen

2.1 Theoretische Grenzen der Laufzeit

Die minimale Grenze der Laufzeit von O(n log n) für die Konstruktion der konvexen Hülle einer allgemeinen, nicht weiter eingeschränkten Punktwolke kann gezeigt werden. Natürlich könnten spezialisierte Algorithmen unter bestimmten Nebenbedingungen schneller sein.

2.2 Online und Offline Algorithmen

Offline Algorithmen arbeiten mit dem gesamten Satz an Punkten als Eingabe. Basierend auf dieser Eingabe wird das Ergebnis produziert, welches exakt zu dieser Eingabe passt. Online-Algorithmen können von einem früheren Ergebnis ausgehen, einen Punkt hinzufügen oder entfernen und davon ausgehend ein neues Ergebnis berechnen. Erstens ermöglicht dies ein inkrementelles Vorgehen, zweitens sind Anpassungen erheblich billiger, als jedes Mal alles neu zu berechnen. Es gibt außerdem praktische Fälle in denen sich die konvexe Hülle dynamisch ändert.

2.3 Ein herkömmlicher Algorithmus

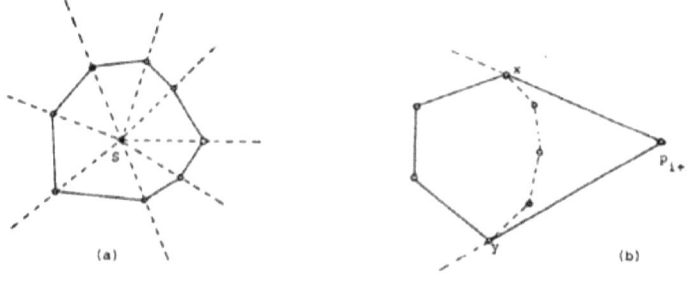

FIGURE 2

Ein früher Algorithmus von Graham et al. sortiert die Punkte zunächst nach dem polaren Winkel um den Mittelpunkt der Punktwolke. Angenommen, eine solche konvexe Hülle ist gegeben, als Folge von sortierten Punkten. Eine solche Hülle kann schnell gezeichnet werden. Möchte man nun einen weiteren Punkt hinzufügen, bestimmt man zunächst den Sektor, in dem sich der neue Punkt befindet. Liegt der neue Punkt unter der bestehenden Kontur, ist gar nichts zu tun. Befindet er sich oberhalb, wird nach rechts und links nach Tangenten gesucht und die konvexe Hülle vervollständigt. Suchen des Sektors in der sortierten Folge dauert O(log n), suchen der Tangenten, falls erforderlich, dauert mit binärer Suche auch O(log n). Damit also O(log n) per Einfügung.

Fast man zusammen ergibt das bei n Einfügungen exakt die theoretische Grenze von O(n log n). Allerdings hat der Algorithmus einen wesentlichen Nachteil, denn er kann nur Einfügungen verarbeiten. Wir wollen hier einen Algorithmus vorstellen, der sowohl Einfügungen, als auch Entfernungen zulässt.

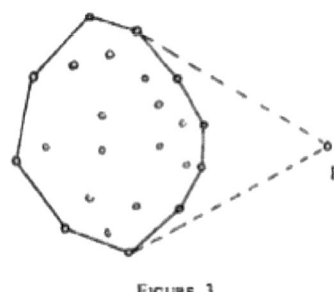

FIGURE 3

3 Repräsentation der Konvexen Hülle durch Datenstrukturen

3.1 Definition: Die Lc- und Rc-Hülle

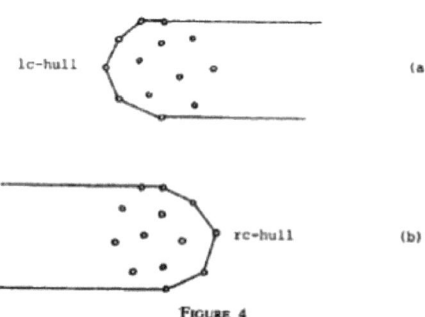

FIGURE 4

Wenn man sich die Aufgabe stellt, die konvexe Hülle dynamisch zu verwalten, stellt sich die Frage nach ihrer tatsächlichen Repräsentation. Die Repräsentation als geordnete Punkte um das Zentrum S ist nicht mehr anwendbar, da sich insbesondere S so verschieben kann, dass es außerhalb der Menge liegt.

Daher wollen wir nun versuchen, die konvexe Hülle als ihre rechte Seite, und ihre linke Seite darzustellen.

Definition: $Lc - Hulle(P) = LH(P \cup \{\infty\})$

Definition: $Rc - Hulle(P) = LH(P \cup \{-\infty\})$

Aus algorithmischen Erwägungen wird die Rc und Lc-Hülle sortiert nach der y-Koordinate gespeichert.

3.2 Feststellung der Lage in der Lc- und Rc-Hülle in O(log n)

Gegeben seien die Koordinaten der Linienzüge, welche die Rc- und Lc-Hüllen bilden. Die Punktkoordinaten bilden eine Folge, welche nach der y-Koordinate der Punkte sortiert ist. Binäre Suche nach der y-Koordinate in der Lc-Hülle, bzw. Rc-Hülle dauert O(log n). Dann können entweder zwei Punkte p_i, p_i+1 gefunden werden, so dass die gesuchte y-Koordinate von p dazwischen liegt, oder p liegt sowieso außerhalb der konvexen Hülle. Anhand der Verbindungsgerade dieser zwei Punkte kann klassifiziert werden, ob p links oder rechts der Verbindungsgerade liegt. Daraus folgt nun die Zugehörigkeit zur Lc- bzw. Rc-Hülle. Liegt p sowohl in Rc als auch in Lc, liegt p auch in der gesamten konvexen Hülle.

3.3 Verschmelzen von zwei Hüllen in O(log n)

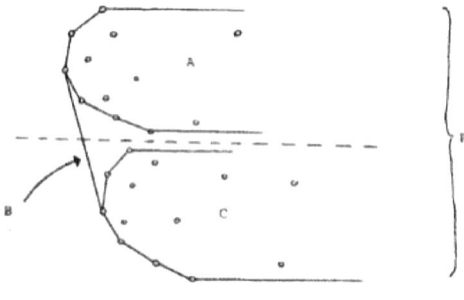

FIGURE 5

Angenommen die konvexen Hüllen sind gegeben als zwei Folgen von Punkten, gespeichert als Schlangen, jeweils sortiert nach der y-Koordinate. Und zwar in der Weise, dass die eine Schlange räumlich komplett unter der anderen Schlange liegt (bezüglich y-Koordinate).

Eine Verschmelzung sieht nun so aus, dass eine Verbindungslinie zwischen den beiden Hüllen bestimmt wird, die beide Hüllen tangential berührt. Die Verbindungslinie verläuft zwischen zwei Punkten der beiden konvexen Hüllen. Die so gefundene Verbindungslinie bildet die gesuchte

Brücke. Die Schlangen werden jeweils an den Endpunkten der Brücke aufgetrennt und das Resultat wieder neu verkettet. Die Operationen an den Schlangen dauern höchstens O(log n). Für die Bestimmung der tangentialen Brücke kann eine binäre Suche auf beiden Hüllen eingesetzt werden. Dabei kommen Unterscheidungsregeln in 3.4 zum Einsatz, welche es ermöglichen, die Anzahl der möglichen Lagen des einen oder anderen Endpunktes der Verbindungslinie weiter einzuschränken. Dieser Prozess wird iteriert und die Brücke am Schluss gefunden, wenn es keine anderen Möglichkeiten für die Lagen der Endpunkte der Verbindungslinie gibt.

Bei jeder Iteration werden entweder die möglichen Lagen des oberen Endpunktes der Verbindungslinie, oder die möglichen Lagen des unteren Endpunktes der Verbindungslinie halbiert. Möglicherweise werden auch beide Punktmengen (gespeichert als Schlangen) von ihrer Mächtigkeit halbiert. Das bedeutet also, dass es am Anfang n mögliche Lagen für den oberen Punkt und m mögliche Lagen für den unteren Punkt gibt. Die obere Hülle bezeichnen wir mit A, die untere mit C. Insgesamt ist also der Aufwand $\log_2(n)+\log_2(m)$, O.B.DA n > m, < 2*log(n) = O(log(n)).

Da die beiden Hüllenpunkte, p und q, die die Endpunkte der jeweils neuen Verbindungslinie bilden, geschickt gewählt werden, also auf der Mitte der verbleibenden Schlangen, werden die Lagen tatsächlich durch die Unterscheidungsregeln in 3.4, halbiert, zumindest auf einer der beiden Hüllen in jeder Iteration.

3.4 Binäre suche auf den beiden Hüllen: Die Fälle

Die Fälle(Cases) werden als Entscheidungsregeln bei der Binären Suche zur Suche der Brücke eingesetzt und zwar um die beiden Brückenpunkte zu finden. In Fall a ist die Brücke gefunden. In den anderen Fällen kann die Menge Punkte bei der Suche entfernt werden die in den Abbildungen als gestrichelte Linien gezeichnet sind. Dadurch können immer mehr Punkte der konvexen Hülle ausgeschlossen werden und man nähert sich so den eindeutigen Brückenpunkten, die zum Schluss in Fall a gefunden sind.
Die für das Ausschlussverfahren wichtigen Fälle werden hier gegeben:

3.4.1   Die verschiedenen Lagen

Die Darstellung erfolgt nach Jose Alberto Cisneros: Maintenance of the convex hull of a dynamic set [2]:

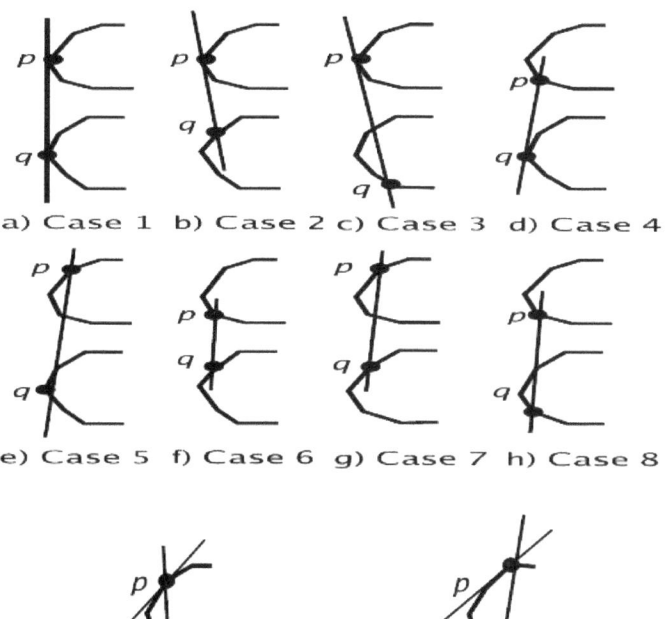

a) Case 1 b) Case 2 c) Case 3 d) Case 4

e) Case 5 f) Case 6 g) Case 7 h) Case 8

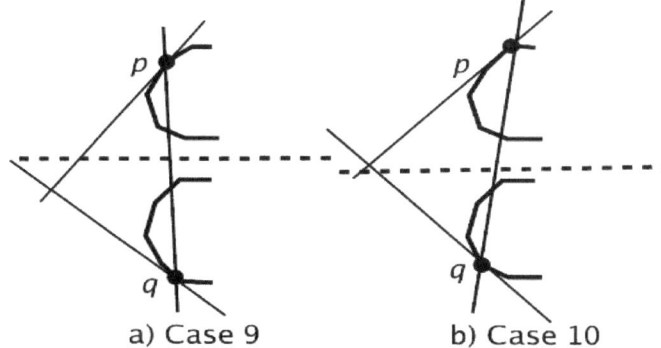

a) Case 9   b) Case 10

3.4.2 Implementierung der Entscheidungsregeln

Overmas & van Leuwen leiten aus diesen oben genannten Fällen einfache Entscheidungsregeln ab, die sich einfacher implementieren lassen. Außerdem sind sie für eine Maschine schnell entscheidbar:

- p+ ist der kleinste Punkt, dessen y-Koordinate größer als die von p ist.
- p- ist der größte Punkt, dessen y-Koordinate kleiner als die von p ist.
- q+/q- sind analog definiert.

Basierend auf der Klassifizierung, ob nun p+/p-/q+/q- jeweils rechts oder links der Geraden, definiert durch p und q, liegen, wird eine Entscheidung für einen der Fälle getroffen.

Unten abgebildete Tabelle 1 zeigt die Fälle in der Übersicht; vergleiche [2]

Case	Links von qp	Rechts von qp	Entfernt auf Hülle A	Entfernt auf Hülle C	Besonderheit
1		q-, q+, p-, p+			fertig
2	q-	q+, p-, p+	Lower part	Upper part	
3	q+	q-, p-, p+	Lower part	Lower part	
4	p+	q-, q+, p-	Lower part	Upper part	
5	p-	q-, q+, p+	Upper part	Upper part	
6	p+, q-	p-, q+	Lower part	Upper part	
7	p-, q-	p+, q+		Upper part	
8	p+, q+	p-, q-	Lower part		
9	p-, q+	p+, q-		Lower part	Schnittpunkt der Tangenten unterhalb der Trennlinie
10	p-, q+	p+, q-	Upper part		Schnittpunkt der Tangenten oberhalb der Trennl

3.5 Konvexe Hülle nach Vorsortierung in O(n)

Angenommen, die Punktmenge ist wieder nach y-Koordinate sortiert und es sind $n=2^k$ Punkte. Es liegt nahe, zunächst jeweils die Hüllen von je einem Punkt zu verschmelzen, anschließend die Hüllen von je zwei Punkten und anschließend die Hüllen von je vier Punkten. Dazu fängt man zunächst an, Zweiergruppen zu bilden, dann Vierergruppen und anschließend Achtergruppen. Diese Form der Verschmelzung bildet einen binären Baum. Induktiv folgt, dass das Resultat tatsächlich die konvexe Hülle der Gesamtmenge ist.
Als Laufzeit errechnet sich:

$$n + \frac{n}{2}\log 2 + \frac{n}{4}\log 4 + \frac{n}{8}\log 8 + \dots + \frac{n}{2^k}\log 2^k = n + \sum_{k=1}^{\infty}\frac{n}{2^k}\log 2^k = n + n\log 2 \cdot \sum_{k=1}^{\infty}\frac{k}{2^k} = n + n\log 2 \cdot 2 = O(n)$$

z.B. Gibt es n/4 Gruppen der Größe 4, die sich jeweils mit dem Aufwand log 4 verbinden lassen.

Erläuterung: Die konvexe Hülle einer statischen Menge von n Punkten kann in der Ebene in nur O(n)Schritten gefunden werden, nachdem alle Punkte nach der y-Koordinate sortiert sind. Es gilt der Einfachheit halber $n=2^k$. Sortieren der n Punkte in benötigt O(n log n) Schritte. Dann werden für l von 1 bis k dynamisch die lc- und rc-Hüllen von horizontal getrennten Gruppen von 2^l Punkten zusammengefügt jeweils bestehend aus $2^{(l-1)}$ Punkten. Die Anzahl der Schritte, mit denen die Hülle aufzubauen ist, ist ungefähr n + n/2 log2 + n/4 log 4 .... = O(n).Um jeweils im Baum herunterzugehen und die Komponenten zusammenzufügen werden bei $n/2^l$ Knoten log l Schritte benötigt.

4 Structure and Algorithmus

4.1 Aufbau der Datenstruktur zur Speicherung der konvexen H*ülle*

Die Informationen über das Innere der konvexen Hülle muss erhalten bleiben.
Die konvexe Hülle einer Punktmenge wird durch die Vereinigung ihrer lc-Hülle (der rechte Teil der konvexen Hülle und nach links der unendliche Raum) und ihrer rc-Hülle (der linke Teil der konvexen Hülle und nach rechts der unendliche Raum) gebildet.
Betrachtet werden soll jetzt nur ein Teil, die lc-Hülle. Der andere Teil, rc-Hülle funktioniert analog.

Bei der betrachteten Struktur handelt es sich um eine Punktmenge in der Ebene. Die Punkte der Ebene werden nach ihrer y-Komponente sortiert in einem binären Suchbaum gespeichert. Dieser binäre Suchbaum, in dem die Punkte sortiert nach der y-Koordinate gespeichert sind, wird mit T bezeichnet. Wenn mehrere Punkte mit gleichem y-Wert und unterschiedlichen x-Werten vorkommen, wird dies auch gespeichert, z.B. durch eine Referenz auf einen weiteren sortierten Suchbaum. Für die Betrachtung der lc-Hülle genügt aber ein y-Wert, da zwei gleiche Werte nicht vorkommen können. Die konvexe lc-Hülle wird nach den in den vorangegangenen Abschnitten gezeigten Vorgang der Brückenbildung erzeugt.

Sei jetzt α der Vater, γ der linke und δ der rechte Sohn. In γ und δ sind bereits die beiden Teile der konvexen Hülle gespeichert. Dazu muss in jedem Knoten gespeichert sein, ob er zur konvexen Hülle gehört und welcher der beiden Söhne bzw. welcher der beiden Teilbäume zur konvexen Hülle gehört und dann durchlaufen werden muss oder nicht. Diese Struktur wird im weiteren Text als zusammensetzbare Queue Q griechischer Buchstabe bezeichnet.

In den Söhnen γ und δ sind die Anteile der konvexen lc-Hülle bereits vorhanden und werden als $Q\gamma$ und $Q\delta$, also als Segmente oder Queues der konvexen Hülle von γ und δ bezeichnet. Diese beiden Anteile können nun nach dem in 3.3 und 3.4 gezeigten Verfahren durch Brückenbildung verschmolzen werden. Dabei fällt wie in 3.4 gezeigt der untere Teil des oberen Segmentes in unserem Beispiel γ weg. Dieser wird mit Schwanzsegment von $Q\gamma$ bezeichnet. Weiterhin fällt der obere Teil der nach der y-Koordinate sortierten Punkte von δ ebenso weg. Dieser wird als Kopfsegment von $Q\delta$ bezeichnet. Es verbleiben somit das Kopfsegment von $Q\gamma$ und das Schwanzsegment von $Q\delta$. Diese Segmente werden zusammengefügt und ergeben das Segment in $Q\alpha$. Es bleiben bei diesem Verfahren alle Punkte gespeichert und die alte Struktur kann jederzeit rekonstruiert werden. In $Q\alpha$ wird dann die Datenstruktur T* erhalten, die sich aus den beiden Segmenten von γ und δ durch die oben beschriebene Reduktion und Verschmelzung ergeben hat.. T* ist somit die in $Q\alpha$ erhaltene erweiterte Suchbaumstruktur. Struktur der Daten und Vorgang werden durch die unten dargestellte Abbildung erläutert.

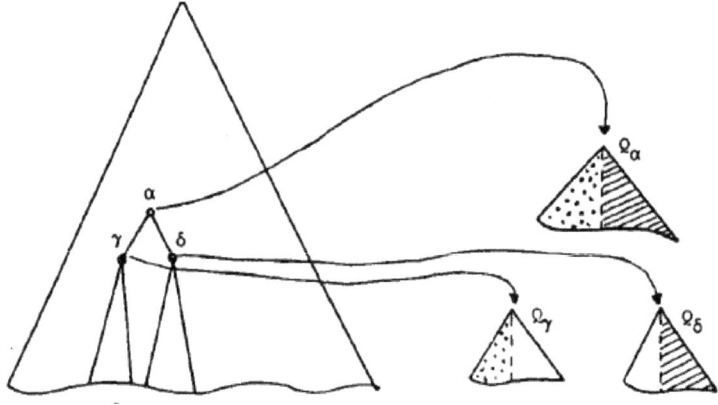

Obiges Bild zeigt die Bildung der Datenstruktur.

Folgende Information ist mit jedem Knoten α verbunden.

(i) $f(\alpha)$ = ein Zeiger zum Vater von α (wenn es einen gibt).

(ii) $lson(\alpha)$ = ein Zeiger zum linken Sohn von α.

(iii) $rson(\alpha)$ = ein Zeiger zum rechten Sohn von α.

(iv) $max(\alpha)$ = der größte y-Wert von Punkten im Unterbaum von $lson(\alpha)$.

(v) $Q^*(\alpha)$ = das Segment von $Q\alpha$ (Kopf oder Schwanz), welches nicht zu $Q_{f\alpha}$ beiträgt.

(vi) $B(\alpha)$ = die Anzahl der Punkte (Kopf oder Schwanz), die zu $Q_{f(\alpha)}$ gehören.

Also Zeiger zum Vater und zu den Söhnen, größter Wert der Punkte im Unterbaum des linken Sohnes, das Segment, welches nicht zur konvexen Hülle beiträgt und Anzahl der Punkte, die zu $Q_{f(\alpha)}$ gehören.

4.2 Notationen

In 4.1 wurden die Datenstrukturen dargestellt. Dabei wurde auch dargelegt, dass die Punkte der Ebene in einem binären Suchbaum T gespeichert sind. Durch oben beschriebene Anpassungen kann man auch sagen, dass die lc-Hülle in einer Queue gespeichert ist; mehrere Queues können zusammengesetzt werden am Ende der einen und Anfang der anderen Queue. Für eine zusammensetzbare Queue Q kennzeichnen wir mit Q[k... l] die zusammengesetzte Queue bestehend vom k-ten bis zum l- ten Element von Q. Für zusammensetzbare Queues Q1 und Q2 von horizontal getrennten Punktmengen ist Q1 $\cup$ Q2 die Zusammensetzung als eine Queue.

4.3 Prozedur "Down"

Für Operationen wie Punkte einfügen und entfernen und die lc-Hülle der Menge auf den neuesten Stand zu bringen, werden zwei Routinen benutzt DOWN und UP.
Bei der Prozedur DOWN geht man um einen Knoten einzufügen (so kann auch eine komplette Struktur aufgebaut werden) oder zu entfernen den Suchbaum hinunter (entsprechend einer binären Suche im binären Suchbaum)bis der Knoten, wo eingefügt oder entfernt werden soll, erreicht ist. Beim Heruntergehen werden die Brücken gelöst und die ursprüngliche Struktur im Segment wiederhergestellt. Da es sich um einen balancierten Baum handelt ist die Höhe des Baumes log n. Diese log n Knoten werden auf dem Weg nach unten besucht. Für die Standardoperationen werden an jedem besuchten Knoten Operationen in O(log n) Größe benötigt. Damit ergibt sich Lemma 1 DOWN erreicht sein Ziel in O($\log^2$ n) Schritten.

prozedure DOWN (α,β):
{ α ist der innere Knoten, welcher gerade bei der Suche nach β erreicht wurde. Q*(α) enthält die komplette lc-Hülle der Punkte, die durch den Knoten α abgedeckt sind}
begin
  if $\alpha= \beta$, then Ziel erreicht
  else
    begin
    { wir teilen Q*(α) und rekonstruieren die Q-Struktur an seinen zwei Söhnen
    Schneide Q*(α) an der Brücke..}
    Q1= Q*(α)| 1.... B(lson(α)|;
    Q2= Q*(α)| B(lson(α)+1 ...*|;
    {... und füge die Stücke zurück auf die zurückgelassenen Queue an die zwei Söhne}
    Q*(lson(α) := Q*(lson(α)) $\cup$ Q1;
    Q*(rson(α) := Q2 $\cup$ Q*(rson(α)) ;
    {Setze die Suche in der richtigen Richtung fort}
    if (β kleiner als lson(α))
    then
      DOWN (lson(α),β)
    else
      DOWN(rson(α),,β)
Erläuterung: Es wird bis zu dem gesuchten Blatt oder dem inneren Knoten, wo das Blatt

eingefügt werden soll per rekursiver Suche gegangen. Dabei wird die ursprüngliche Struktur der komplexen Hüllen der Komponenten hergestellt. Und zwar wird die Brücke gelöst und die ursprüngliche Queues beider Hälften mit den vorher abgeschnittenen Teilen wiederhergestellt und damit die Struktur der beiden nicht vereinigten Komponenten.

Vereinbart worden war vorher folgende Notation für die Queue Q: $Q|k...\ l|$ ist die konkatenierbare Queue bestehend aus dem k-ten bis zum l-ten Element.

Queue Q1 ∪ Queue Q2 bedeutet ihre Konkatenation als eine Queue.

Nach dieser Notation wird durch
$Q1 = Q*(\alpha)|\ 1.... B(lson(\alpha)|$;
$Q2 = Q*(\alpha)|\ B(lson(\alpha)+1\ ...*|$;
$Q*(\alpha)|$ an der Brücke geschnitten.

Die Stücke werden dann wieder mit den zurückgelassenen Stücken aus dem Schema konkateniert.
$Q*(lson(\alpha) := Q*(lson(\alpha))\ Q1$;
$Q*(rson(\alpha) := Q2 \cup Q*(rson(\alpha))$;
Dann wird rekursiv mit der Down-Prozedur im Baum heruntergegangen.

4.4 Prozedur "UP"

Nachdem ein Knoten eingefügt oder entfernt ist, wird eine zweite Prozedur UP aufgerufen. Diese geht den Weg hoch zur Wurzel zurück. Dabei wird die neue Brückenstruktur nach der Einfüge- oder Entfernungsoperation wieder aufgebaut und der Baum rebalanciert. Auch bei UP werden auf dem Weg vom Blatt zur Wurzel nicht mehr als log n Knoten besucht. Für die Standardoperationen wie Brücke zu finden werden an jedem Knoten log n Operationen benötigt. Das Balancieren wird mit einer separaten Balancierungsroutine in O(log n) Schritten vollzogen. Wir legen R als Balancierungskosten fest und kommen auf Lemma 2 UP zur Wurzel benötigt O($\log^2$ n +R) Schritten.

Prozedure UP (α):
{(α ist der Knoten, der auf dem Weg zurück zur Wurzel als letztes erreicht wurde. Dabei enthalten $Q*(lson(\alpha))$ und $Q*(rson(\alpha))$ die komplette Hülle der Menge unterhalb lson(α) beziehungsweise rson(α)}
begin
    bestimme die Brücke, die $Q*(lson(\alpha))$ und $Q*(rson(\alpha))$ verbindet und damit die Nummern der Punkte B1 und B2, welche jeweils in $Q*(\alpha)$ beitragen müssen.
{zeichne diese Nummern auf}
    B(lson(α)) := B1;
    B(rson(α)) := B2;
{Schneide die notwendigen Stücke von der Queue ab...}

$Q1 = Q*(lson(\alpha))|1.... B1|$;
$Q2 = Q*(rson(\alpha)|*-B2 ...*|$;
{hinterlasse die verbliebenen Teile an den Söhnen und setze sie zusammen, um die lc-Hülle der verbundenen Menge zu bilden}
$Q*(\alpha) = Q1 \cup Q2$;
If nicht balanciert, then BALANCE(α);

Maintenance of Configurations in the Plane von T.Plehn und R. Einig
10

If α = root, then Ziel erreicht else UP(f(α))
End of UP

Erläuterung: Die Prozedur UP ist der Gegenpart zu Down. Sie startet ganz unten in den Blättern und sucht sich den Weg nach oben und erledigt dabei zwei Aufgaben. Die Q*-Struktur wird wieder entsprechend der schon vorher dargestellten Vorgaben wieder aufgebaut und zusätzlich wird noch eine Prozedur Balancieren aufgerufen.

Zuerst werden die beiden Punkte gesucht, welche die Brücke festlegen und diese werden gespeichert durch folgende Zuweisungen B(lson(α)) := B1; B(rson(α)) := B2;

Von der Queue werden die notwendigen Stücke für die konvexe Hülle abgeschnitten. Im Pseudocode geschieht das mit der schon vorher dargestellten Notation. Q1= Q*(lson(α))|1.... B1|; Q2= Q*(rson(α))|*-B2 ...*|. "Effectively leaving the remaining parts at the two sons." Q1 und Q2 werden nämlich von den Queues effektiv abgetrennt und der Rest bleibt dort bestehen. Diese beiden Queue-Stücke werden wieder kokateniert und stellen dann die konvexe Hülle dar. Diese Konkatenation wird dargestellt durch die vereinbarte Notation Q*(α) = Q1 $\cup$ Q2. Dies entspricht der Brückenbildung wie im vorangegangenen Text dargestellt. Das Ende der Prozedur ist erreicht, wenn die Wurzel erreicht ist. Andernfalls wird die UP-Prozedur rekursiv aufgerufen.

4.5 Lemmas und Beweise

Lemma 1: DOWN erreicht sein Ziel immer nach $O(\log^2 n)$ Schritte.

Beweis: Da T balanciert ist, ist der Suchbaum maximal $O(\log n)$ tief. Für die Standardoperationen werden in jedem Schritt maximal $O(\log n)$ Schritte benötigt. Somit werden insgesamt $O(\log^2 n)$ Schritte benötigt.

Lemma 2: UP erreicht sein Ziel nach $O(\log^2 n + R)$ Schritten; dabei sind R die Kosten für das Rebalancieren, welches auf dem Suchpfad benötigt wird.

Beweis: Analog zu DOWN benötigt UP ebenfalls $O(\log n)$ Schritte zur Wurzel. An jedem Knoten werden $O(\log n)$ Schritte für die Standardoperationen benötigt. Somit werden insgesamt $O(\log^2 n)$ Schritte benötigt. Zusätzlich kommen R-Schritte für das Balancieren hinzu.

Lemma 3: Jeder Aufruf von Balance fordert $O(\log n)$ Schritte.

Einschub: Man läuft den Pfad zur Wurzel zurück. Falls der Knoten aus der Balance geraten ist, wird das durch eine Rebalancierungs-Operation mit Rotation und Doppelrotation vorgenommen. Dies wird in $O(\log n)$ Schritten vorgenommen[3].

Beweis: Angenommen die Söhne von lson(α) seien β und γ. Durch ein gegebenes   Qlson(α) kann, indem eine Iteration von Down ausgeführt wird, das gesamte Q β und Qγ in gerade $O(\log n)$ Schritten rekonstruiert werden. Angenommen an δ ist der neue rechte Sohn von α als ein Resultat der Rotation. Wenn die gesamte Q-Struktur in β, γ und (der alten) rson(α) wiederhergestellt wird, kann man, indem UP in δ wieder gestartet wird, wieder zu α aufsteigen. Daraus folgt, dass eine einzelne Rotation ausgeführt werden kann auf Kosten von höchstens O(log n) extra Schritten. Die Analyse für eine Doppelrotation läuft auf dieselbe Weise ab und kommt auf dieselben Kosten.

4.6 Verwalten der konvexen Hülle

Theorem 1 : Die konvexe Hülle einer Menge von n Punkten kann erhalten werden für die Kosten von $O(\log^2 n)$ Schritten durch Einfügen und Entfernen.

Beweis: Wenn man T* als zugrundelegende Datenstruktur benutzt, geht man um einen Punkt p einzufügen oder zu entfernen folgendermaßen vor. Es müssen sowohl die lc-Hülle und die rc-Hülle der Menge aktualisieren werden. Es werden nur die notwendigen Aktionen für die lc –Hülle beschrieben. Zuerst sollte in T* unten gesucht werden, in dem p's y-Koordinate benutzt wird, um herauszufinden, wo p gespeichert ist(oder gespeichert werden muss). Erreicht wird dies mit den Mitteln der Prozedur DOWN, die zur selben Zeit die komplette lc-Hülle an allen Knoten wieder direkt herstellt, die an den Suchpfad von p angrenzen auf Kosten von $O(\log^2 n)$. Nachdem p unten eingefügt oder entfernt ist, muss am Baum wieder hinaufgegangen werden, um den Baum zu rebalancieren. Dies wird erledigt mit der Prozedur UP auf Kosten von $O(\log^2 n + R)$, welche auch für alle Aufgaben der Rebalancierung sorgt.

[1]M. H. Overmars, J. van Leuwen, Maintenance of Configurations in the Plane, Journal of Computer and System Science, March,1981

[2] J.A. Cisneros, Maintenance of the Convex Hull of a Dynamic Set, S. 14   University of Edinburgh
2007

[3]R.H. Güting, S.Dieker, Datenstrukturen, KE 3 Datentypen zur Darstellung von Mengen S141-148, Hagen 1999

Anhang
Ein Beispiel für die DOWN und UP Prozeduren:

Folgende Punktmenge sei gegeben:

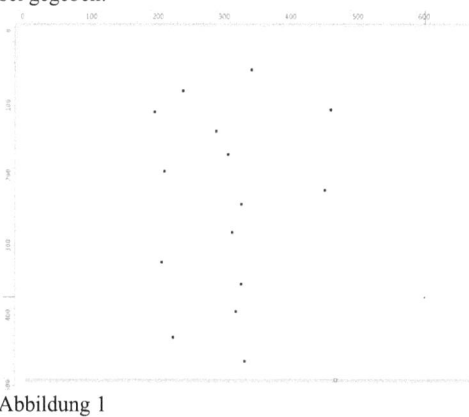

Abbildung 1

Die 15 Punkte sortiert nach der y-Koordinate
(3,6;0,6), (2,4;0,9), (4,8;1,1), (1,8;1,2), (2,9;1,5), (3,1;1,7), (2,2;2,1), (4,6;2,3), (3,3;2,4), (3,2;2,8), (2,1;3,4), (3,5;3,7),(3,2;3,9), (2,3;4,4), (3,4;4,8)

Abbildung 2 zeigt die 6 Punkte{0,6;0,9; 1,2;3,4;4,4;4,8} nach der y-Koordinate sortiert ,die die Queue der lc-Hülle bilden.

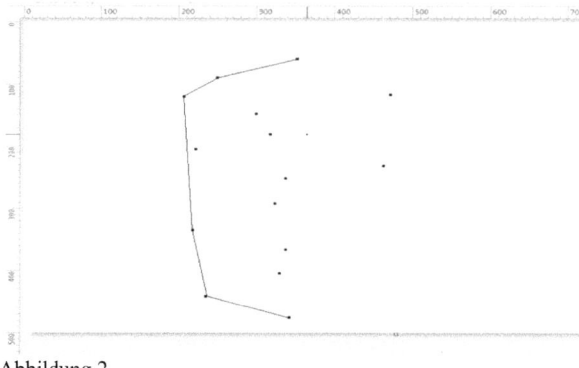

Abbildung 2

Maintenance of Configurations in the Plane von T.Plehn und R. Einig

Abbildung 3 zeigt die Punkte sortiert nach der y-Koordinaten als Binärbaum. Die x-Koordinate ist in den Blättern ebenfalls mitgespeichert. Durchlauf zur Ausgabe der sortierten Punkte der lc-Hülle inorder Reihenfolge.

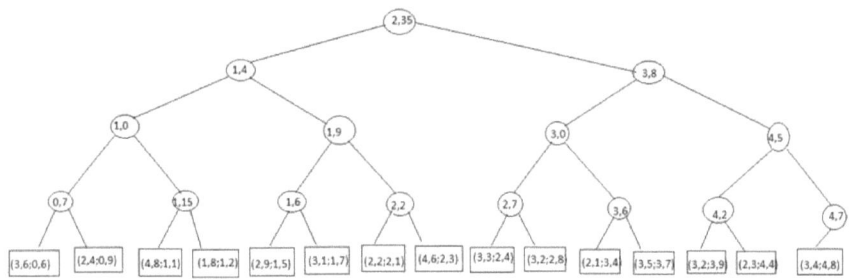

Abbildung 3

Die sortierten y-Koordinaten {0,6;0,9; 1,2;3,4;4,4;4,8} als Binärbaum. Durchlauf zur Ausgabe der sortierten Punkte der lc- Hülle inorder Reihenfolge.
Auf die Struktur zur Speicherung der x-Koordinate wird der Übersichtlichkeit wegen verzichtet.

Beispiel DOWN-PROZEDUR
Es soll der zusätzliche Punkt (4,7;0,4) mit y=0,4 eingefügt werden. Damit ist β=0,4. An der Wurzel wird gestartet. Die Q*-Struktur wird an der Brücke geschnitten. Die Brücke liegt zwischen 1,2 und 3,4.
Es werden dann zwei neue Queues gebildet.
Q1={0,6;0,9;1,2;2,1;2,4}
Q2={2,8;3,4;4,4;4,8}
Die konvexe lc- Hüllen der beiden Teile;diese werden durch das Bild unten dargestellt.

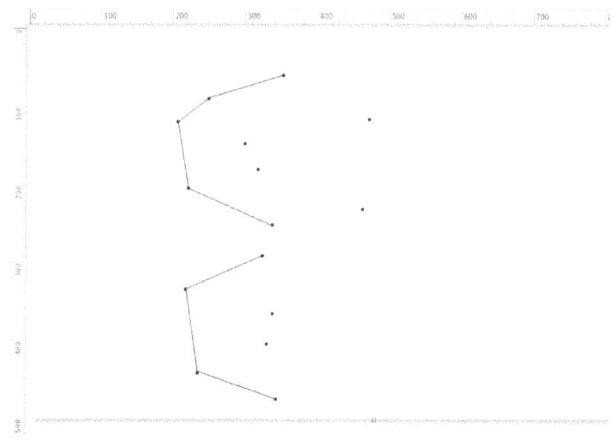

Abbildung 4

Die Stücke werden an die zurückgelassene Queue an die zwei Söhne angefügt nach

$Q^*(lson(\alpha)) := Q^*(lson(\alpha)) \cup Q1;$

$Q^*(rson(\alpha)) := Q2 \cup Q^*(rson(\alpha))$;

Jetzt wird die Suche in die richtige Richtung fortgesetzt. Da $\beta=0,4$ kleiner ist als lson(α) wird mit DOWN (lson(α),β) fortgefahren.

Der nächste Aufruf DOWN führt zu folgender Teilung.

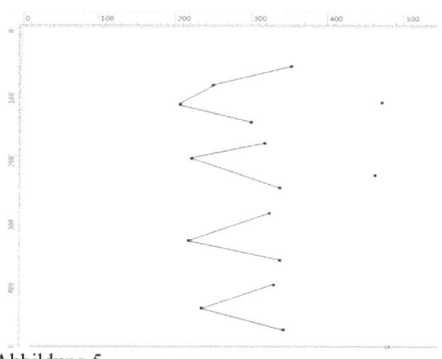

Abbildung 5

Im weiteren Verlauf wird weiter im Baum mit DOWN heruntergegangen. Dabei werden die Brücken gelöst und die alte Struktur wieder hergestellt.
Unten angekommen wird 0,4 eingefügt mit dem ersten UP wird rebalanciert..

Maintenance of Configurations in the Plane von T.Plehn und R. Einig
15

Beispiel UP-PROZEDUR

Die Prozedur wird nach dem Einhängen von 0,4 auf der linken Seite in den Blättern gestartet.
Als x-Wert sei 4,4 gegeben; somit sind die Koordinaten des einzufügenden Punktes(4,4/0,4)
Zuerst muss die Brücke bestimmt werden, die $Q^*(lson(\alpha))$ und $Q^*(rson(\alpha))$ verbindet und damit
die Nummern der Punkte B1 und B2, welche jeweils in $Q^*(\alpha)$ beitragen müssen. B1 ist 0,6 und B2
ist 0,9.
Diese Nummern werden aufgezeichnet
  $B(lson(\alpha)) := B1;$
  $B(rson(\alpha)) := B2;$
Jetzt werden die notwendigen Stücke abgeschnitten:
Q1={0,4;0,6}
Q2={0,9;1,2;1,5}
Nach dem Schnitt werden die beiden Mengen nach $Q^*(\alpha) = Q1 \cup Q2$ wieder vereinigt.
So wird $Q\alpha$ aus $Q\gamma$ und $Q\delta$ gebildet.
$Q\alpha = \{0,4;0,6;0,9;1,2;1,5\}$
Die unten dargestellte Abbildung 7 zeigt das Ergebnis. Entscheidend ist das oberste Segment.

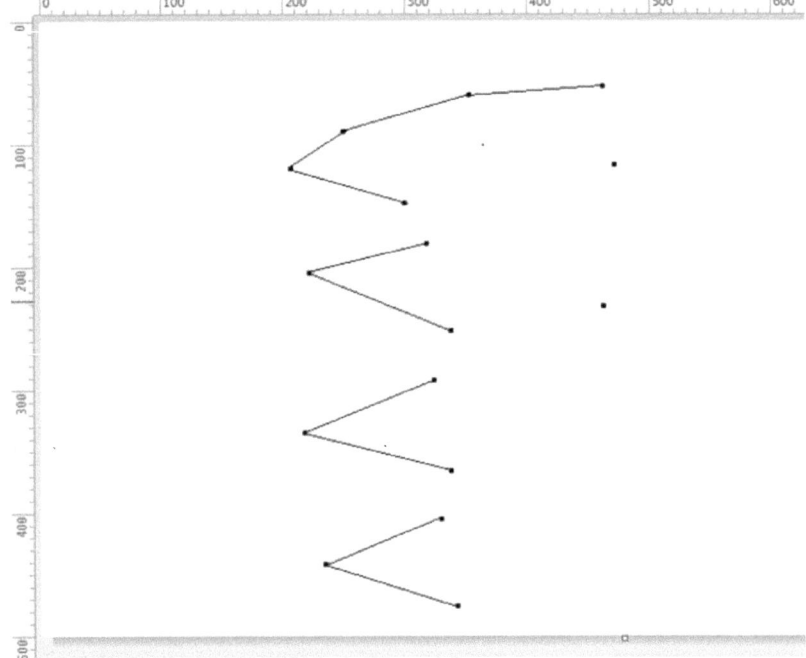

Abbildung 6

Im 2.Schritt wird
Qα={0,4;0,6;0,9;1,2;2,1;2,4} gebildet.

Im 3.Schritt sind die beiden Queues
Q1={0,4;0,6;0,9;1,2;2,1;2,4}
Q2={2,8;3,4;4,4;4,8} vorhanden
Zuerst muss die Brücke bestimmt werden, die Q*(lson(α)) und Q*(rson(α)) verbindet und damit die Nummern der Punkte B1 und B2, welche jeweils in Q*(α) beitragen müssen. B1 ist 1,2 und B2 ist 3,4.
Diese Nummern werden aufgezeichnet
    B(lson(α)) := B1;
    B(rson(α)) := B2;

Jetzt werden die notwendigen Stücke wieder abgeschnitten. Bei obigen Beispiel werden von Q1 1,2;2,1; 2,4 , bei Q2 wird 2,8 herausgeschnitten und die Brücke zwischen 1,2 und 3,4 wird wieder gebildet.
Nach dem Schnitt werden die beiden Mengen nach Q*(α) = Q1 ∪ Q2 wieder vereinigt.
So wird Qα aus Qγ und Qδ gebildet.
Qα={0,4;0,6;0,9; 1,2;3,4;4,4;4,8} siehe Abbildung 7
.

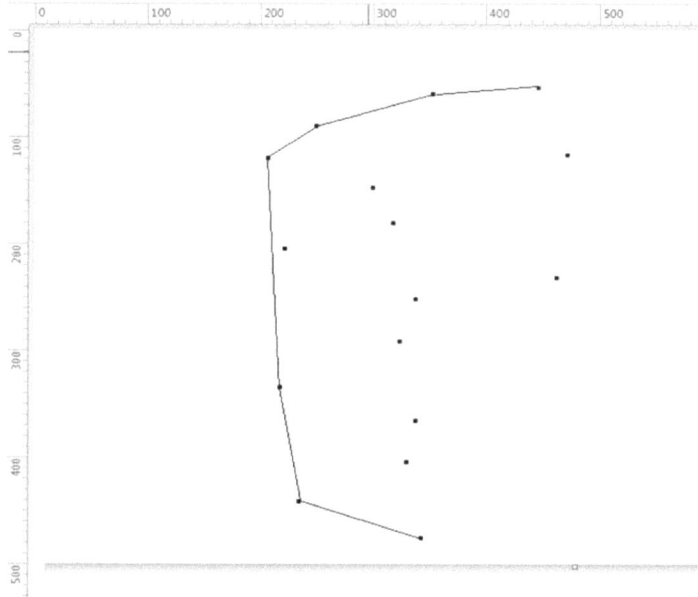

Abbildung 7

Das Ergebnis der Rebalancierungsoperation Balance (α) bei den UP-Prozeduren ergibt
Abbildung 8:

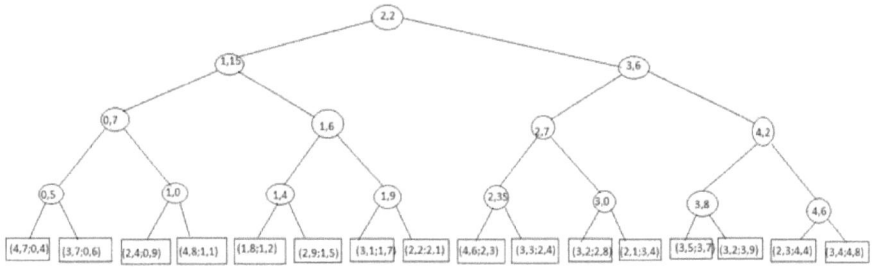

Abbildung 8

Ein numerisches Beispiel(MATLAB)

(beachte, Sortierung nach x-Koordinaten, entsprechende Bildung der Hülle)

Die Punkte im binären Baum: Beachte nur die Blätter sind wirkliche Punkte

[2,300,0]	[]	[]	[]	[]	[]	[]	[]
[1,200,0]	[3,700,0]	[]	[]	[]	[]	[]	[]
[0,900,0]	[1,700,0]	[2,800,0]	[4,400,0]	[]	[]	[]	[]
[0,600,9,420]	[1,100,4,490]	[1,500,5,752]	[2,100,0,965]	[2,400,9,436]	[3,400,7,572]	[3,900,4,380]	[4,800,7,038]

Nur zum Vergleich: Die vollständigen partiellen Hüllen

[0,600,9,420;2,400,9,436;4,800,7,038]	[]	[]	[]	[]	[]	[]	[]
[0,600,9,420;1,500,5,752;2,100,0,965]	[2,400,9,436;4,800,7,038]	[]	[]	[]	[]	[]	[]
[0,600,9,420;1,100,4,490]	[1,500,5,752;2,100,0,965]	[2,400,9,436;3,400,7,572]	[3,900,4,380;4,800,7,038]	[]	[]	[]	[]
[0,600,9,420]	[1,100,4,490]	[1,500,5,752]	[2,100,0,965]	[2,400,9,436]	[3,400,7,572]	[3,900,4,380]	[4,800,7,038]

Die Zahlen B1 und B2 bei der Initialisierung (Beachte initiale Definition von Q)

[]	[]	[]	[]	[]	[]	[]	[]
1	2	[]	[]	[]	[]	[]	[]
1	2	1	1	[]	[]	[]	[]
1	1	1	1	1	1	1	1

Die Datenstruktur Q bei der Initialisierung (beachte initiale Definition von Q)

[0,600,9,420;2,400,9,436;4,800,7,038]	[]	[]	[]	[]	[]	[]	[]
[1,500,5,752;2,100,0,965]	[]	[]	[]	[]	[]	[]	[]
[1,100,4,490]	[]	[]	[3,400,7,572]	[]	[]	[]	[]
[]	[]	[]	[3,900,4,380]	[]	[]	[]	[]

Die Datenstruktur Q nach Ausführung von „Down(t,[2,2|12])"

[0,600,9,420;2,400,9,436;4,800,7,0383]	[]	[]	[]	[]	[]	[]	[]
[0,600,9,420;1,500,5,752;2,100,0,965]	[2,400,9,436;4,800,7,038]	[]	[]	[]	[]	[]	[]
[0,600,9,420;1,100,4,490]	[1,500,5,752;2,100,0,965]	[3,400,7,572]	[3,900,4,380]	[]	[]	[]	[]
[]	[]	[1,500,5,752]	[2,100,0,965]	[]	[]	[]	[]
[]	[]	[]	[]	[]	[]	[2,100,0,965]	[2,200,12]

Die Datenstruktur Q nach der Ausführung von „UP"

[0,600,9,420;2,200,12;4,800,7,038]	[]	[]	[]	[]	[]	[]	[]
[]	[2,400,9,436]	[]	[]	[]	[]	[]	[]
[1,100,4,490]	[1,500,5,752]	[3,400,7,572]	[3,900,4,380]	[]	[]	[]	[]
[]	[]	[]	[2,100,0,965]	[]	[]	[]	[]

Die Zahlen B1 und B2 nach der Ausführung von „UP"

[]	[]	[]	[]	[]	[]	[]	[]
2	1	[]	[]	[]	[]	[]	[]
1	1	1	1	[]	[]	[]	[]
1	1	1	1	1	1	1	1
0	0	0	0	0	0	1	1

Nur zum Vergleich: Die vollständigen partiellen Hüllen danach:

[0,600,9,420;2,200,12;4,800,7,038]	[]	[]	[]	[]	[]	[]	[]
[0,600,9,420;2,200,12]	[2,400,9,4362;4,800,7,038]	[]	[]	[]	[]	[]	[]
[0,600,9,420;1,100,4,490]	[1,500,5,752;2,200,12]	[2,400,9,436;3,400,7,572]	[3,900,4,380;4,800,7,038]	[]	[]	[]	[]
[0,600,9,420]	[1,100,4,490]	[1,500,5,752]	[2,100,0,965;2,200,12]	[2,400,9,436]	[3,400,7,572]	[3,900,4,380]	[4,800,7,038]
[]	[]	[]	[]	[]	[]	[2,100,0,965]	[2,200,12]

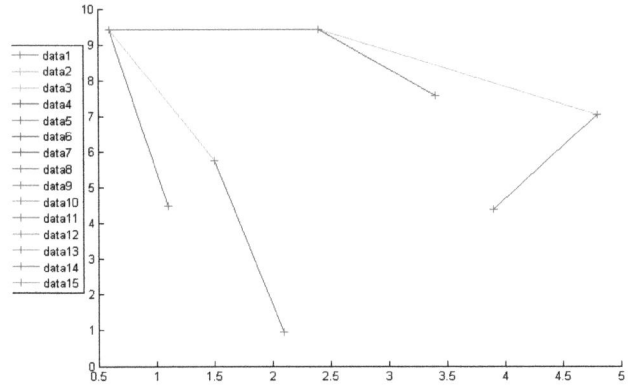

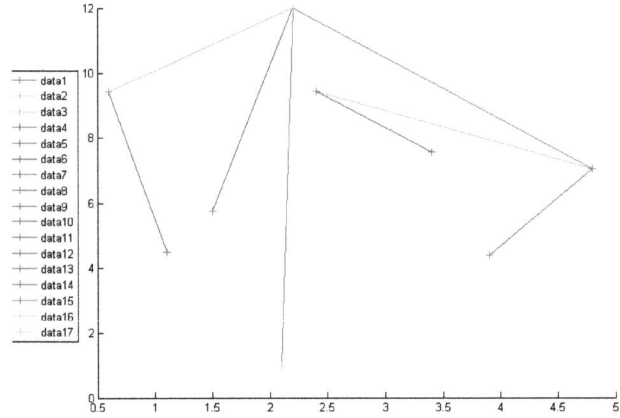

BEI GRIN MACHT SICH IHR WISSEN BEZAHLT

- Wir veröffentlichen Ihre Hausarbeit,
  Bachelor- und Masterarbeit

- Ihr eigenes eBook und Buch -
  weltweit in allen wichtigen Shops

- Verdienen Sie an jedem Verkauf

Jetzt bei www.GRIN.com hochladen
und kostenlos publizieren